ANALYSE

DE

ANNE DE BOULEN

OPÉRA EN 4 ACTES,

PAROLES DE M. CASTIL-BLAZE,

MUSIQUE DE DONIZETTI.

20 CENT.

ANGERS,

IMPRIMERIE DE CORNILLEAU ET MAIGE,

PLACE SAINT-MARTIN.

1846.

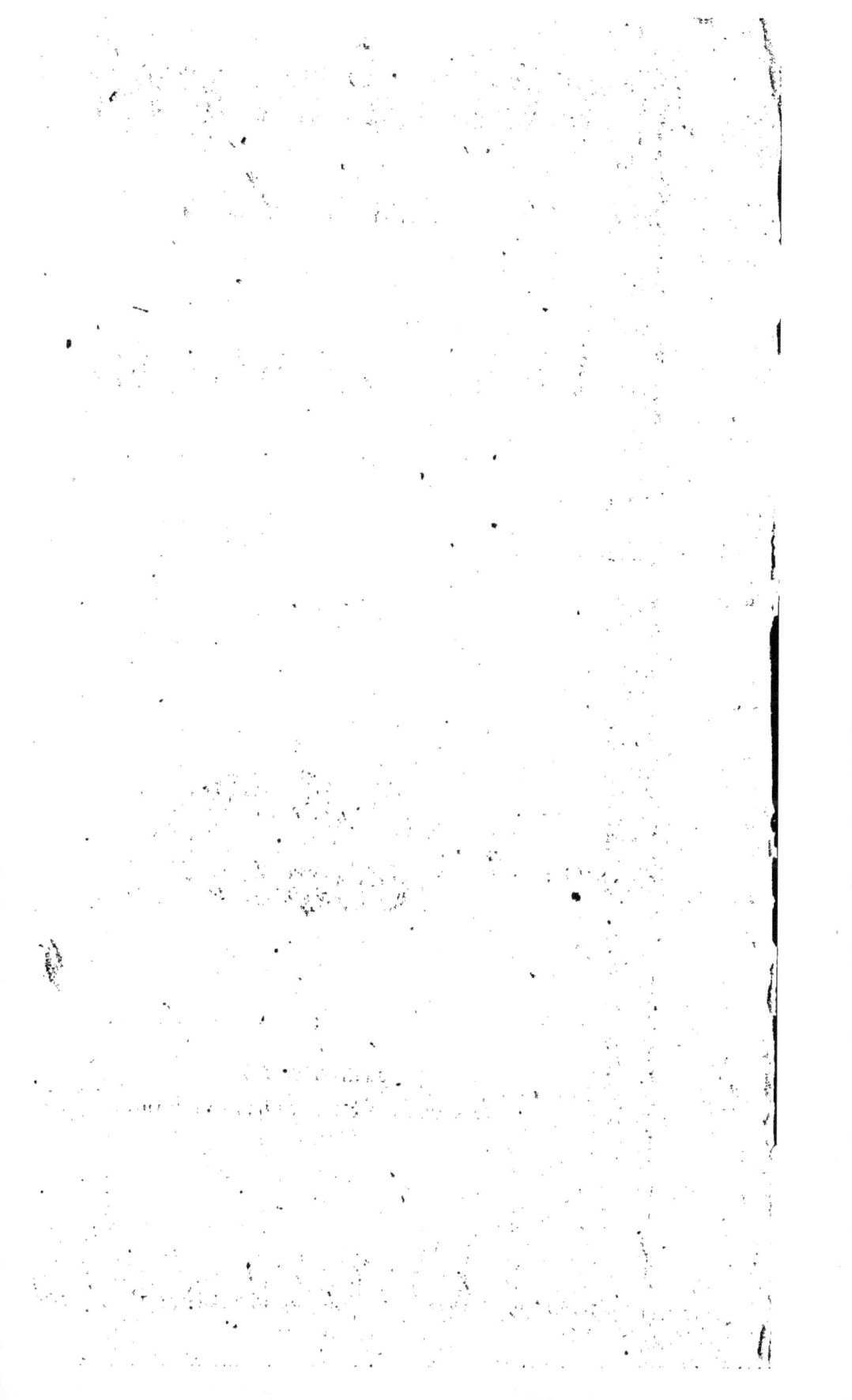

ANALYSE

DE

ANNE DE BOULEN

GRAND OPÉRA EN QUATRE ACTES,

PAROLES DE M. CASTIL-BLAZE,

MUSIQUE DE DONIZETTI.

ANGERS,

IMPRIMERIE DE CORNILLEAU ET MAIGE,

PLACE SAINT-MARTIN.

1845.

DISTRIBUTION:

ANALYSE

DE

ANNE DE BOULEN,

GRAND OPÉRA EN 4 ACTES.

————

Acte Premier.

(Le théâtre représente une salle du château de Windsor, dans les appartements de la reine.)

SCÈNE PREMIÈRE.

Au lever du rideau la salle est occupée par des groupes de seigneurs. — Chœur.

SCÈNE II.

Entre la reine, précédée d'Alfred et suivie de ses dames, parmi lesquelles se trouve Jeanne Seymour.

La tristesse et la contrainte sont écrites sur le visage de la reine et de ses suivantes. Pour chasser la mélancolie qui l'oppresse et pour dissiper les sombres pressentiments qui l'assiègent, Anne a recours aux joyeuses chansons d'Alfred. Celui-ci chante :

ROMANCE.

D'une allégresse feinte
Pourquoi voiler ta plainte?
Ah ! de cette contrainte
Épargne-toi l'effort.
Oui, l'aimable folie
Pourrait charmer ma vie,
Mais la mélancolie
A plus d'attraits encore.

La tristesse de la reine semble redoubler en écoutant la romance du page. Celui-ci continue :

Sur les désertes plages,
Où grondent les orages,
Après tant de naufrages
Vient briller un beau jour ;
Dans le mystère sombre
Et les périls sans nombre
Ainsi l'on voit dans l'ombre
Croître un premier amour.

Premier amour qui...

ANNE (très émue.)

Cesse, de grace !

ALFRED.

O reine !

Ai-je pu...

CHOEUR.

Tout vient accroître sa peine.

ANNE (à part.)

Non, je ne puis l'entendre;
Cette voix douce et tendre

A réchauffé la cendre
De mon premier amour.
Hélas! contre ses charmes,
Si je trouvais des armes,
Aurais-je tant d'alarmes
En ce brillant séjour?

(Haut.)

Déjà la nuit avance et l'aube va paraître,
Et je puis bien permettre
A chacun de rentrer chez soi.
Je n'ai plus d'espérance
De voir ici le roi.
Viens, Seymour.

JEANNE.

Qu'avez-vous!

ANNE.

O mortelle souffrance!
Rien n'égale mon martyre;
Solitaire, je soupire;
Cette peine me déchire,
Va bientôt me consumer.
Vers l'éclat de la puissance
Si jamais ton cœur s'élance,
Souviens-toi de ma souffrance,
Ne te laisse pas charmer.

JEANNE (à part.)

Quand je vois couler ses larmes,
Le remords est dans mon cœur.

CHOEUR.

Du repos, goûtez les charmes
Et calmez votre douleur.

(Tous s'éloignent.)

SCÈNE III.

Jeanne, restée seule, a senti le remords entrer dans son ame. L'écho des douleurs de la reine, ses plaintes touchantes, sa tristesse ont fait taire l'amour coupable de l'ambitieuse Jeanne. Elle voudrait fuir maintenant la royale tendresse qui la poursuit de ses exigences.... Tout à coup on frappe à la porte, — c'est le roi.

SCÈNE IV.

Henri fait bientôt taire les scrupules de son amante ; il lui montre en perspective la couronne et l'éclat du diadème. Jeanne, éblouie, séduite, se défend vainement contre les instances du roi, celui-ci lui promet qu'elle remplacera Anne, celle qui a trompé son royal fiancé en lui donnant un cœur qui ne lui appartenait plus.

(La toile baisse.)

Deuxième Acte.

(Le théâtre représente une forêt près de Windsor.)

SCÈNE I.

Percy et Rochefort entrent ensemble. Rochefort, après s'être étonné du retour de Percy en Angleterre l'interroge sur ses projets. L'ancien amant d'Anne n'a plus ni espérances, ni désirs. Depuis qu'une perfide a trompé son amour, il ne songe plus à rien, pas même à venger son offense.

CAVATINE.

A souffrir et sans me plaindre,
Trop longtemps c'est se contraindre.
Malheureux! qu'aurais-je à craindre?
Il ne me reste qu'à mourir.
Sort cruel, je te défie ;
Sur moi tombe ta furie !
Non, ce n'est qu'avec ma vie
Que ma peine doit finir.

Un grand bruit de fanfares et de chasse vient interrompre les plaintes de l'amant malheureux. C'est le roi qui, accompagné de la reine, chasse dans la forêt.

Le roi, la reine et toute la cour ne tardent pas à paraître. Henri reconnaît Percy, celui-ci s'avance et remercie le roi d'avoir fait cesser son exil. Henri déclare alors que c'est à la reine que doit s'adresser sa reconnaissance, car c'est elle qui a intercédé pour le proscrit.

Joie de Percy. — Trouble de la reine. Le roi les observe.

Troisième Acte.

(Même décor qu'au premier acte.)

SCÈNE I.

Au lever du rideau, Henri est assis près d'une table, sa tête pensive repose dans sa main droite.

On me trompait la preuve en est certaine

(Il se lève)

Leur insolent amour s'est trahi devant moi.

CAVATINE.

Mon ame dédaigne la feinte,
S'impose mystère, contrainte,
D'Anna, je redoute la plainte
Et veux lui laisser son erreur.
L'ingrate, l'infidèle,
Quand j'ai tout fait pour elle,
A son amour criminelle
Se livre sans pudeur.
C'est un crime et pour moi ce n'est point un malheur.
Un autre objet séduit mon cœur.
Seymour, ce cœur t'implore,
Je t'aime, je t'adore,
Peux-tu douter encore
De ma fidèle ardeur?
Pour moi quel présage !
Ah! viens et partage
Mon trône, et pour gage

Rends-moi le bonheur.
Je déteste la feinte et la ruse ;
Trop faibles ennemis, je voulais une excuse
Et vous-même donnez l'excuse à ma fureur.
Seymour, etc,

SCÈNE II.

Le roi prévenu par Hervey s'éloigne par la porte secrète. Alfred paraît. Il vient pour replacer un portrait qu'il a dérobé et qu'il voudrait bien garder. Il le presse sur son cœur, le couvre de ses baisers....

ARIETTE.

D'une image trop chérie
Je ne puis me séparer
Je sais bien que c'est folie
A mon cœur de l'adorer.
Sans espoir dans les alarmes
Il gémit de sa douleur.
Ce tourment est plein de charmes ;
Ce martyr est un bonheur.
Que ne puis-je à toi-même
Dire combien je t'aime ,
Anne, mon bien suprême!
Que j'adore en secret.
Sans cesse, je soupire,
Et si, dans mon délire ,
J'ose enfin te le dire,
C'est que je parle à ton portrait.

On vient surprendre le page au milieu de ses épanchements ; il n'a que le temps de cacher le médaillon dans sa poitrine et de se réfugier derrière un rideau.

SCÈNE III.

La reine et son frère paraissent. Rochefort veut obtenir une entrevue d'Anne avec Richard. La reine s'y refuse d'abord, puis attendrie par les prières de son frère, et plus peut-être par de tendres souvenirs, elle consent à recevoir Percy. Rochefort sort pour le chercher.

SCÈNE IV.

Percy accourt bientôt. Il fait parler ses droits anciens, il dénonce l'abandon du roi, son amour pour un autre, et implore un peu de cette affection qu'il a eue autrefois tout entière. Anne résiste de toutes ses forces et obtient de Richard qu'il s'éloigne. Celui-ci veut exiger de la reine l'engagement qu'il pourra la revoir. Anne refuse. Percy tire son épée pour se frapper....

SCÈNE V.

Le page se précipite sur la scène en criant et l'épée à la main. A ce bruit tout le monde accourt et le roi paraît bientôt lui-même.

Prompt à saisir l'occasion, le roi se déclare trompé, trahi ; il accuse la reine. Alfred s'avoue seul coupable de cette algarade ; il déclare que la reine est innocente et s'écrie :

> Si je mens, prenez ma vie ;
> Sans pâlir, j'attends vos coups.

(Il découvre sa poitrine ; le médaillon tombe.)

On reconnaît le portrait de la reine. Stupeur générale ; fureur du roi. Anne s'approchant de lui :

> Vos yeux pleins de vengeance
> Prononcent ma sentence..
> Sire, sur l'apparence,
> Ne me condamnez pas.

HENRI.

> L'injure est manifesté,
> La preuve me l'atteste ;
> En cet instant funeste,
> Fuyez loin de mes yeux ;
> Pour vous, mourir vaudrait encore mieux.

Le roi ne veut rien écouter ; il ordonne que ses gardes s'emparent des coupables ; et résistant aux supplications, aux prières de la reine, il s'éloigne en lui jetant un dernier regard de haine et de colère.

Acte Quatrième.

(Le théâtre représente les appartements de la reine.)

SCÈNE 1re

CHOEUR.

(Les dames de la reine.)

Seule en proie à sa peine,
Près d'elle notre reine
N'a plus rien qui ramène
La troupe des flatteurs.
Seymour ne lui témoigne
Pitié pour ses malheurs ;
Seymour même s'éloigne,
Et l'abandonne à sa douleur !
Puissent nos cœurs fidèles,
Nos soins consolateurs,
De ses peines cruelles
Adoucir la rigueur !

Mais la voici, tremblante, pâle et tout en pleurs.

(La reine paraît.)

SCÈNE II.

LE CHŒUR reprend :

Courage ! aimable reine,
D'une ame plus sereine
Supportez votre peine,
Le ciel vous aidera.
Il est un terme aux larmes,
Et dans ces jours d'alarmes
La vertu triomphera.

La reine les remercie avec effusion.

SCÈNE III.

Henri vient annoncer que les pairs assemblés ont ordonné la

comparution des femmes de la reine. Celle-ci se sépare en pleu-
rant de ses fidèles compagnes, et, restée seule, elle fond en larmes.

SCÈNE IV.

Jeanne la surprend au milieu de sa douleur. Après quelques
instants d'hésitation, elle avoue à la reine quel est le plan du roi.
Il veut à tout prix recouvrer sa liberté et se séparer d'une femme
qu'il n'aime plus. Que la reine sauve au moins ses jours ; qu'elle
avoue, et le roi lui fera grace de la vie.

La reine s'étonne que ce soit Jeanne, son amie, qui lui conseille
ainsi le déshonneur. Le roi vous y engage, reprend Jeanne éperdue,
et la malheureuse dont il est épris, celle qu'il veut placer sur le
trône, vous en supplie.

ANNE.

Tu la connais, parle, parle, quel est son nom ?
Elle ose conseiller la honte, l'infamie
A sa reine ; ah ! plutôt cent fois perdre la vie !
Parle, tu la connais ; parle, quel est son nom ?

JEANNE.

C'est une infortunée !

ANNE.

Tu la plains ! Contre moi sa fureur déchaînée
Voudrait me terrasser par ce dernier affront.

DUO.

Grand Dieu ! que ton bras redoutable
Punisse, écrase la coupable,
Et que son cœur méprisable
Comme le mien soit déchiré !

JEANNE.

Ah ! de grace, pardonne !

ANNE.

Qu'elle trouve sur le trône
Le sort qu'elle m'a préparé ;
Que le doute, l'épouvante
Dans leur couche les tourmente ;
Que mon ombre menaçante
Les poursuive nuit et jour ;

Et qu'enfin la mort sanglante
Soit le prix d'un tel amour.

JEANNE.

Ah ! la sentence m'épouvante ;
De grace ! arrête, par pitié !

Jeanne tombe aux pieds de la reine, et, implorant miséricorde, avoue que cette rivale, c'est elle-même.

ANNE.

Elle... ma rivale ? Ah ! Seymour ! ô ciel !
Va, fuis, arrière ! toi, ma rivale ! fuis !

Enfin la reine, après avoir foudroyé la coupable des élans de sa colère, se laisse peu à peu toucher par les larmes de Jeanne et lui dit avec bonté :

Lève-toi ! — Celui qui t'a séduite
Est seul coupable envers moi.
Malheureuse, vois ma peine,
Ne redoute plus ma haine ;
De mon sort qu'il te souvienne
Et des pleurs de nos adieux !
Je demande au ciel ta grace,
Il exaucera mes vœux.
Plus de haine, plus de menace
Et j'ai pardonné de bon cœur.

Anne rentre chez elle, et Jeanne sort éplorée.

SCÈNE V.

Les seigneurs se rassemblent pour attendre l'issue du procès. Hervey, en ordonnant qu'on fasse comparaitre Anne et Percy annonce qu'Alfred a fait des aveux qui compromettent la reine. Il fait éloigner les seigneurs. Le roi approche. Henri et son confident se félicitent du piège dans lequel ils on fait tomber Alfred qui croit en écoutant leurs suggestions avoir sauvé les jours de la reine.

SCÈNE VI.

On amène la reine et Percy. Henri veut s'éloigner; Anne le supplie, au nom même de la majesté royale, de ne pas exposer celle qu'il a faite son épouse à la honte d'un jugement public. Henri lui reproche d'avoir préféré Richard. Percy s'avance et répond par de fières paroles au langage du cauteleux monarque.

Celui-ci , poussé à bout , s'écrie que la reine a été la maîtresse du page Alfred. Cette calomnie rend à la reine toute son énergie , et elle s'accuse hautement d'avoir préféré le trône au cœur noble et loyal de Richard. La fureur de Henri éclate à ces mots. Alors Percy déclare solennellement que la reine était sa femme avant d'être celle du roi , et court avec Anne renouveler cette déclaration devant les juges.

VII.

Un moment, atterré par la généreuse et loyale ardeur de Richard, Henri retrouve bientôt avec son sang-froid tous ses projets de vengeance. En croyant sauver la reine , Percy ne l'a que plus sûrement précipitée dans l'abîme.

SCÈNE VIII.

A ce moment, Jeanne vient implorer la miséricorde du roi, mais celui-ci reste sourd à ses prières et à ses supplications.

SCÈNE IX.

L'arrêt est prononcé, le mariage du roi est annulé ; la reine et tous ses complices sont condamnés à mourir. Le roi , auquel on apporte l'arrêt, demande à réfléchir et s'éloigne.

SCÈNE X.

Percy et Rochefort apprennent d'Hervey que le roi leur donne grace à tous deux. Richard repousse ce bienfait infamant, mais il veut éviter que son ami l'imite.

> Sauve-toi, je t'en supplie !
> Toi qui peux aimer la vie.
> Sauve-toi, je t'en supplie !
> Du sort évite les coups,
> Pars et cherche une retraite
> Où la haine enfin s'arrête !
> Et qu'au moins on t'y permette
> De prier le ciel pour nous.
> Que, sensible à ma prière,
> Quelqu'un reste en cette terre
> Pour pleurer sur notre sort.

ROCHEFORT.

> Ton destin, je le partage
> Et l'accepte avec courage.

Ils tombent dans les bras l'un de l'autre et sortent au milieu des soldats.

SCÈNE XI.

La reine entre accompagnée des dames de sa suite. Après avoir accepté avec reconnaissance les témoignages d'intérêt qu'elles lui prodiguent, elle dit :

> Vous pleurez..... pourquoi verser des larmes ?
> Jour de triomphe ! ô moment plein de charmes
> A la noce, à l'autel, c'est le roi qui m'attend.
> Sur ces riches atours, posez mon voile blanc,
> Ma couronne de fleurs, placez-la sur ma tête
> Mais que Percy l'ignore. On le veut, j'obéis.

Ces symptômes d'égarement et de douleur font bientôt place à des sentiments plus doux.

> Percy ramène-moi
> Vers le bocage
> Où j'ai reçu ta foi,
> Dans mon jeune âge.
> Heureux rivage,
> Témoin de nos amours
> Contre l'orage
> Viens protéger mes jours.
> Abri tranquille
> Où je m'exile
> Deviens l'asile,
> Du tendre amour.

Un roulement de tambours voilés se fait entendre. Hervey entre accompagné de soldats.

SCÈNE XII.

La reine revenant peu à peu de son égarement, frémit en contemplant Percy et Rochefort qu'on conduit au supplice. Bientôt Alfred vient tomber à ses pieds et implorer son pardon. Anne le repousse d'abord, puis bientôt sa tête s'égare, elle lui pardonne, et toutes ses pensées se portent vers le Tout-Puissant.

PRIÈRE.

> O ciel ! en toi j'espère ;
> Accorde à ma prière

Pardon pour ma misère
Et place dans ton sein.

On craint de troubler le recueillement de la pauvre reine. On
emmène les autres condamnés. Le canon résonne au loin. Une
joyeuse musique se fait entendre. Anne revient à elle :

Où suis-je ? qui m'éveille ? qu'entends-je ?
On prépare une fête.... et pour qui.... répondez....

CHOEUR.

On la mène en triomphe, elle est reine.

ANNE.

Arrêtez !

Silence !.... Le cruel, au milieu de sa fête,
      Attend qu'on lui montre ma tête ;
Que ce gage sanglant enfin lui soit porté.

CHOEUR.

L'inhumain, rien ne l'arrête !
Ah ! c'est trop de cruauté !

ANNE.

Couple infâme ! Au ciel, à sa vengeance,
Que je m'adresse ? Non : l'innocence,
Quand son heure dernière s'avance,
Vous pardonne, et d'un Dieu de clémence
A, pour vous, imploré la bonté.
Le cruel, au milieu de sa fête
Il attend qu'on lui montre ma tête.
Que ce gage sanglant enfin lui soit porté.

Comme épuisée par ce dernier effort, Anne s'évanouit et tombe.
On baisse le rideau.

FIN-

www.ingramcontent.com/pod-product-compliance
Lightning Source LLC
Chambersburg PA
CBHW061801040426
42447CB00011B/2406